SingLiesel

Satz: Röser MEDIA GmbH & Co. KG, Karlsruhe

Druck: FINIDR, s.r.o.
Printed in Czech Republic

ISBN 978-3-948106-26-3

2. Auflage

www.singliesel.de

Bildnachweise:
Blumen: Gizele/Shutterstock.com
Cover-Foto: Ljupco Smokovski/Shutterstock.com

Natali Mallek – Annika Schneider

ZÄHL- UND RECHENGESCHICHTEN

INHALT

Winter

Dies und das

EINFÜHRUNG

Wir haben in diesem Buch unsere schönsten Zähl- und Rechengeschichten für Sie zusammengefasst. Egal, ob Sie eine jahreszeitliche Geschichte oder eine Geschichte zu einem anderen Thema suchen, Sie werden bestimmt fündig.

Die Zähl- und Rechengeschichten können vielfältig eingesetzt werden: mit Einzelpersonen als kurze Übung zwischendurch oder als Teil einer Gruppenaktivität. In der Regel sollten Sie die Frage, die am Ende der Geschichte steht, schon zu Beginn vorlesen, damit die Zuhörenden wissen, worauf sie achten müssen. Lesen Sie dann den Text der Geschichte vor und wiederholen Sie am Ende die Frage, bevor die Zuhörenden antworten.

Bei einigen Geschichten gibt es mehrere Fragen. Es ist sinnvoll, jeweils eine Frage auszusuchen, bevor Sie die Geschichte vorlesen. In einem zweiten Durchgang können Sie die nächste Frage stellen – entweder direkt anschließend oder zu einem späteren Zeitpunkt.

Auf folgende Weisen kann die Schwierigkeit variiert werden.

- Das Rechnen findet im Kopf ohne Hilfsmittel statt.
- Die Zuhörenden bekommen jeweils ein Blatt und einen Stift und machen Notizen.

- Die Zuhörenden melden sich, wenn etwas in der Geschichte vorkommt, das gezählt werden soll, und Sie notieren es auf einem Flipchart, einer Tafel oder einem Blatt Papier. Im Anschluss wird gemeinsam gezählt und gerechnet.

Wir wünschen viel Freude mit diesen Zähl- und Rechengeschichten!

Annika Schneider und Natali Mallek

JAHRESBEGINN UND FRÜHLING

FLEDERMAUS UND GIESSKANNE: KARNEVAL

Margarete ist auf dem Weg zur Weiberfastnacht. Sie hat sich in diesem Jahr als Marienkäfer verkleidet und findet ihr selbst entworfenes Kostüm sehr kreativ. Sie trägt ein schwarzes Cape mit roten Flügeln. Auf die Flügel hat sie sechs riesige schwarze Punkte genäht.

Die Weiberfastnachtsfeier findet wie in jedem Jahr im Gemeindehaus statt. Jeder bringt etwas für das Buffet mit. Margarete hat Frikadellen gebraten und für den Nachtisch einen Blechkuchen gebacken. Sie freut sich immer sehr auf diesen Abend.

Schon am Eingang begegnet ihr ein Clown, der sie herzlich in Empfang nimmt: Karla hatte wohl schon das ein oder andere Gläschen Weißwein!

Drinnen nimmt eine Piratenfrau die Speisen für das Buffet in Empfang. Margarete gibt ihre Sachen ab und sucht sich ein Plätzchen. Neben Claudia und Anneliese ist noch etwas frei. Die beiden haben sich als Asterix und Obelix verkleidet, sehr detailgenau, wie Margarete findet.

Als es losgeht, bekommt Margarete ihr Lächeln nicht mehr aus dem Gesicht und muss manchmal laut lachen. Das Programm ist sehr unterhaltsam. Es werden Büttenreden gehalten, es wird getanzt und gemeinsam gesungen. Bei „Viva Colonia" tobt der Saal!

In einer kurzen Programmpause schaut sich Margarete nochmal in Ruhe im Saal um und betrachtet die Kostüme. Sie sieht eine Fledermaus und eine Hexe mit einer dicken Warze auf der Nase. Den Plüsch-Raben, den die Hexe auf der Schulter trägt, findet Margarete sehr originell. Eine Wolke, eine Königin und eine Gießkanne springen ihr ebenfalls ins Auge.

Und dann wird gesungen und getanzt, mit Pippi Langstrumpf, einer Katze, einem Apfelbaum und einem Stück Käse auf zwei Beinen und als was sie nicht alles verkleidet sind.

Margarete findet den Weiberfastnachtsabend wieder wunderschön. Es ist schon weit nach Mitternacht, als ihr Mann sie abholt. Als was sie sich wohl im nächsten Jahr verkleiden wird?

Wie viele verschiedene Verkleidungen werden im Text genannt?

Lösung: 14

Wie oft wird der Name Margarete erwähnt?

Lösung: 8-mal

OSTEREIERSUCHE BEI OMA ANNEGRET

Annegret hatte das Osterfest schon immer sehr gemocht, und seit ihre Enkelin Lea auf der Welt war, mochte sie es noch mehr. Seitdem Lea krabbeln konnte, versteckte Annegret für sie die Ostereier. So konnte Lea an Ostern auch bei ihrer Oma nach dem Kaffeetrinken eifrig Eier suchen.

Als Lea anfing, zu laufen, nähte Annegret ein Osterkörbchen in Leas Lieblingsfarben: lila, rosa und hellgrün. Ganz stolz tapste sie von da an jedes Jahr durch den Garten und suchte Ostereier.

Im letzten Jahr hatte Annegret zum ersten Mal auch Schokoladenosterhasen im Garten versteckt. Wie immer kam die Familie am Nachmittag zusammen und trank gemeinsam Kaffee. Die Sonne lachte vom Himmel und es war angenehm warm, sodass man nur eine leichte Jacke überziehen musste.

Lea aß schnell ihr kleines Stückchen Osterlamm, denn sie war schon sehr aufgeregt. Dann tapste sie mit ihrem Körbchen los. Zuerst fand sie zwei Ostereier, ein gelbes und ein blaues. Sie legte beide vorsichtig ins Körbchen. Danach entdeckte sie noch das rote Osterei, das Oma Annegret hinter den Tulpen versteckt hatte. Ein grünes lag unter einem Blatt im Osterglockenbeet. Das fand Lea recht schnell, dabei hatte Annegret gedacht, das Versteck sei vielleicht zu schwierig für ihre Kleine.

Hinter dem Apfelbaum sah Lea dann endlich ihren ersten Schokoladenosterhasen. Das Funkeln in ihren Augen würde Annegret nie vergessen! Stolz kam ihre Enkelin angelaufen und zeigte ihrer Oma glücklich das kleine Glöckchen, das der Hase um den Hals trug. Vorsichtig legte sie ihn in ihr Körbchen zu den Ostereiern.

Aufgeregt suchte Lea weiter und entdeckte doch tatsächlich ein rosafarbenes und ein lila Osterei neben den Himbeeren. „Guck mal, Oma, in meinen Lieblingsfarben!“, rief sie und hielt die beiden Eier hoch in die Luft. Langsam war ihr Körbchen recht gut gefüllt. Lea trug es mit beiden Händen auf die Terrasse. Auf dem Weg dorthin fand sie noch ein orangefarbenes Osterei neben den Veilchen, das den letzten Platz im Korb eroberte.

Vorsichtig packten die beiden die Eier und den Hasen aus und schauten sich alles an. Lea musste natürlich gleich ein Stückchen von seinem linken Ohr probieren – das war lecker! Die Kleine grinste wie ein Honigkuchenpferd. Oma Annegret fiel an diesem Ostersonntag glücklich und zufrieden ins Bett.

Als Lea zwei Wochen später zu Besuch kam und die beiden zusammen Unkraut jäteten, staunten sie nicht schlecht, als

Lea einen goldenen „Stein“ im Beet entdeckte. Vorsichtig schauten die beiden sich ihren Schatz an.

Plötzlich entdeckte Lea ein goldenes Glöckchen an ihrem Stein. Da dämmerte es Oma Annegret: Sie hatte doch zwei Osterhasen versteckt! Das hatte sie in der Aufregung zu Ostern und vor lauter Freude ganz vergessen. Der Hase war wohl durch die Sonne in den letzten Tagen einfach geschmolzen.

Na, das musste sie jetzt mal ihrer Lea erklären. Am besten bei einem Glas Saft.

Wie viele Eier hat Lea nach der Ostereiersuche in ihrem Körbchen?

Lösung: 7

Wie viele Dinge hatte Oma Annegret insgesamt im Garten versteckt?

Lösung: 7 Ostereier und 2 Schokoladenosterhasen, also insgesamt 9 Dinge

MAIKÄFER IN SICHT

Endlich war der Frühling eingekehrt. Die Sonne schien von einem wolkenlosen Himmel, ein von Blumen erfüllter Duft lag in der Luft und ein warmer Hauch von Frühling strich über Monas und Annas Haut. Die beiden Mädchen durften heute das erste Mal mit kurzen Ärmeln und ohne Jacken in den Garten gehen.

Sie genossen ihre neu gewonnene Freiheit und tanzten vergnügt durch den Garten. Überall in den Beeten leuchteten die Frühlingsblumen in allen Farben, und hoch oben in den Kronen der Apfelbäume strahlte ihnen das sanfte Weiß der Apfelblüten entgegen. Es war ein herrliches Gefühl!

Anna setzte sich auf ihre Schaukel und nahm Schwung. Mona wollte auch zur Schaukel, stolperte aber auf dem Weg dorthin und landete unsanft im grünen Gras. Sie stieß ein leises „Autsch“ aus und setzte gerade an, kräftig über den Ast zu schimpfen, der ihr im Weg gelegen hatte – da hielt sie plötzlich inne. Anna, die sich auf einen Wortschwall eingestellt hatte, schaute verblüfft zu ihrer Freundin.

„Anna, komm mal her!“, flüsterte Mona, die noch immer im Gras lag. Sie verfolgte etwas mit den Augen. Sie gab Anna ein Zeichen, dass sie sich langsam nähern sollte. Anna schlich sich an, so gut sie konnte, und kniete sich neben Mona.

Und da sah sie ihn. Gar nicht so klein, wie sie gedacht hatte. Doch was es war, wusste sie sofort – aus ihren Büchern. Und auch in der Schule hatte sie schon viel darüber gelernt. Ja, wirklich, da krabbelte ein Maikäfer durchs Gras!

Mona war sehr stolz auf ihre Entdeckung. Sie strahlte über das ganze Gesicht, und auch Anna grinste wie ein Honigkuchenpferd. Vorsichtig standen die Freundinnen auf und schlichen durch den Garten.

Und tatsächlich – neben den Tulpen krabbelten noch zwei Exemplare der neu im Garten entdeckten Käferart. Auch im Gebüsch neben den Johannisbeersträuchern entdeckten die Mädchen einen Maikäfer und im Beet unter dem Ahorn sogar drei. Erst jetzt fiel ihnen das Summen auf, das schon die ganze Zeit in der Luft gelegen hatte. Sie mussten unbedingt ihren Eltern und Geschwistern davon erzählen – doch das konnte noch einen Augenblick warten.

Das Summen führte die beiden zur großen Eiche, die auf dem Grundstück des Bauern hinter dem Garten stand. Aufgrund der Mauer konnten sie nicht viel sehen, lediglich zwei Maikäfer zeigten sich ihnen. Und einen letzten sah Mona friedlich über den Garten schweben, als sie sich mit Anna schon auf den Weg zum Haus gemacht hatte. Was ihre Eltern wohl sagen würden?

Wie viele Maikäfer haben Anna und Mona im Garten gesehen?

Lösung: 10

TAUBEN BRINGEN GLÜCK: PFINGSTEN

Johanna und Ernst saßen wie jeden Sonntag zusammen am Esstisch und aßen zu Mittag. Der Braten, die Klöße und das Rotkraut waren pünktlich um halb eins fertig gewesen. Die beiden mochten das Gericht sehr gerne. Deshalb war es bei ihnen Tradition geworden, dieses Essen an besonderen Sonntagen zu kochen. Wie zum Beispiel heute – am Pfingstsonntag.

Normalerweise hatten Johanna und Ernst an Pfingsten stets ihre Kinder und Enkel zu Besuch. Dieses Jahr hatten sie aber alle abgesagt: Die einen waren beruflich unterwegs, die anderen im Kurzurlaub am Meer, wieder andere im Umzugsstress und zu guter Letzt hatte ihre Tochter Lisa auch noch kurzfristig absagen müssen. Sie lag schon die ganze Woche krank im Bett.

Johanna und Ernst sahen sich an und seufzten. Das war einer dieser Momente, in denen sie nicht sprechen brauchten. Der eine wusste ganz genau, was der andere dachte. Sie nahmen sich bei der Hand und schauten aus dem großen Esszimmerfenster. Johanna sah drei Tauben im Vorgarten sitzen. Sie pickten im Gras herum und ließen es sich schmecken. Zwei weitere spazierten durch das Tulpenbeet.

Normalerweise hätte Johanna die Tauben verscheucht – auch wenn die Tulpen fast verblüht waren. Ernst war gerade dabei, aufzustehen, aber sie hielt ihn zurück. Irgendetwas war anders mit diesen Tauben. Es waren nicht die dicken Tauben aus der Stadt. Diese waren zart. Zwei weitere kamen angeflogen. Und noch eine. Sie landeten auf der Mauer.

Friedlich sahen sie aus. Fast scheu und mit schillerndem Gefieder. Johanna und Ernst betrachteten das Treiben in ihrem Vorgarten eine Weile. Johanna erwischte sich dabei, wie ihr ein Lächeln über die Lippen glitt, und auch Ernst wirkte unbeschwerter als noch vor wenigen Minuten.

„Das wird wohl unser Pfingstgruß sein. Oder was meinst du?" Verschmitzt sah sie ihren Mann an. Ernst hob seine linke Augenbraue. Er war noch ein wenig skeptisch.

Doch Johanna zog sich ihre hellblaue Strickjacke über und ging in Richtung Haustür, als drei weitere Tauben angeflogen kamen. Sie machten es sich unter dem Ahorn gemütlich. Johanna murmelte: „Ich muss mir diese schönen Geschöpfe aus der Nähe ansehen", und öffnete vorsichtig die Tür, um die Tauben nicht zu erschrecken.

Wie angewurzelt blieb sie stehen und musste sich einen Freudenschrei verkneifen. Auf der Treppe saß Lisa, ihre Tochter. Johanna umarmte sie und drückte sie fest an sich. Eine Träne lief über ihre Wange. „Ich dachte, du bist krank", sagte sie mit zitternder Stimme.

Lisa antwortete: „Ja, das war ich auch. Mir ging es gestern aber schon viel besser. Und heute Morgen fühlte ich mich wie neugeboren. Da dachte ich, ich überrasche euch mit einem Besuch. Auf mein Klingeln hat niemand aufgemacht. Ich dachte, ihr wärt spazieren. Habt ihr auch die Tauben im Garten gesehen? Schau, da kommt noch eine."

Johanna konnte ihr Glück kaum fassen. Arm in Arm ging sie mit ihrer Tochter ins Haus. Anscheinend hatten diese hübschen Vögel gewusst, dass die Klingel an der Haustür kaputt war. Sie hatten Johanna aus dem Haus gelockt. So hatte sie ihre Tochter gefunden. Voller Wiedersehensfreude setzten sie sich zusammen an den Tisch. Lisa hatte Appetit mitgebracht, und auch Johanna und Ernst bekamen wieder Lust auf das Mittagessen.

Die Tauben waren indes wieder aus dem Garten verschwunden.

Wie viele Tauben haben Johanna und Ernst „Glück" gebracht?

Lösung: 12

KÖRBE VOLLER ERDBEEREN

Gestern war ich mit Oma Rita auf dem Erdbeerfeld – Erdbeeren pflücken. Oma Rita hatte ihren großen Weidenkorb mitgenommen und ich hatte einen kleinen Korb zum Erdbeerenpflücken von ihr bekommen. Zusammen machten wir uns nach dem Frühstück auf den Weg.

Das Erdbeerfeld war nicht weit weg von Omas Wohnung, so konnten wir gut zu Fuß gehen. Ich hielt meinen Korb in der rechten Hand und Oma Rita hatte ihren Korb in ihrer linken Hand – so konnten wir Hand in Hand gehen.

Am Erdbeerfeld angekommen, stellte ich meinen Korb erst einmal auf den Boden. Wir schauten uns das Feld an – es war riesig. Überall standen Erdbeerpflanzen, soweit das Auge reichte. „Hallo Bruno!", rief Oma Rita dem Mann in der braunen Latzhose zu, der gerade auf uns zukam. Oma Rita kannte Bauer Bruno sehr gut, sie kaufte zweimal in der Woche mit ihrem großen Korb in seinem Hofladen ein. „Hallo Rita!", rief er zurück. „Hast du heute Verstärkung mitgebracht?"

„Ja, die vielen Erdbeeren, die ich pflücken möchte, kann ich doch alleine kaum tragen! Da brauch ich schon jemanden, der mir hilft, meinen Korb zu tragen", antwortete sie und zwinkerte mir zu.

Bauer Bruno gab mir eine Erdbeere zum Probieren. Sie war köstlich! Ich konnte es kaum erwarten, meinen Korb mit den reifen Erdbeeren zu füllen. Also machten wir uns ans Pflücken. Es war noch nicht Mittagszeit, da war mein kleiner Korb schon gut gefüllt. Und mein Bauch auch. Oma Rita legte die Erdbeeren aus meinem Korb vorsichtig in ihren großen Korb, damit ich weiterpflücken konnte.

Danach machten wir aber erst einmal eine Verschnaufpause. Wir setzten uns auf eine Bank am Wegesrand und packten unsere Brote und eine Kanne Saftschorle aus, die Oma Rita am Morgen vorbereitet hatte. Meinen Korb stellte ich unter die Bank. Ich war zwar schon satt, aß aber trotzdem ein Käsebrot. Nach den vielen süßen Erdbeeren schmeckte es mir besonders gut.

Danach machten wir uns wieder an die Arbeit. Als die Sonne hoch über uns stand, sagte meine Oma: „Na was meinst du, haben wir für heute genug Erdbeeren gepflückt?" Meinen Korb hatte ich gerade wieder gut gefüllt. Und ich war müde. Daher fand ich die Idee, nach Hause zu gehen, gut. Ich nahm meinen Korb wieder in die rechte Hand und Oma Rita fasste ihren Korb mit der linken. So gingen wir Hand in Hand nach Hause. Am Nachmittag spielten wir Karten auf dem Balkon. Und am Tag drauf backten wir einen Erdbeerkuchen – da hatte ich auch wieder richtig Appetit auf Erdbeeren.

Wie oft kommt das Wort „Korb" in der Geschichte vor?

Lösung: 15-mal

SOMMER

PAUL HAT LANGEWEILE

Paul hat Sommerferien. Wie in jedem Jahr hat er sich die Wochen davor sehr auf diese Zeit gefreut. Aber jetzt, nach dreieinhalb Wochen ohne Schule und ohne seine Klassenkameraden, die alle im Urlaub sind, weiß er einfach nichts mehr mit sich anzufangen.

Ständig steht er in der Küche neben seiner Mutter und sagt: „Mama, ich weiß nicht, was ich machen soll. Mir ist so langweilig!“ Aber ihre Vorschläge, wie er sich die Zeit vertreiben könnte, gefallen ihm nicht: im Garten den Rasen mähen, beim Abtrocknen helfen, das Zimmer aufräumen, ein Buch lesen, mit seiner kleinen Schwester spielen ... Gelangweilt geht Paul in den Garten und kickt, die Hände in seinen Hosentaschen vergraben, einen kleinen Stein vor sich her.

Auf einmal entdeckt er neben sich auf dem Weg zwei Marienkäfer, die in die gleiche Richtung spazieren. Paul weiß nicht warum, aber irgendwie faszinieren ihn diese kleinen Wesen. Er beobachtet sie auf ihrem Spaziergang und findet auf einmal noch zwei weitere, die es sich gerade auf einem Blütenblatt gemütlich machen. Und da, am Stängel, läuft noch einer.

Paul schaut sich den Garten genauer an. Er ist erstaunt, wie viele Blumen und Sträucher dort stehen. Sie sind ihm noch nie aufgefallen, dabei spielt er doch fast jeden Tag im Garten Fußball. Auch im nächsten Blumenbeet entdeckt er wieder drei Marienkäfer, die sich auf ein Rosenstämmchen gesetzt haben. Einer von ihnen ist schwarz mit roten Punkten.

Auf einmal ist er ganz interessiert und sucht eifrig weiter. Unter einem großen Stein am kleinen Gartenteich kommen gerade fünf Marienkäfer auf einmal hervor. „Das ist bestimmt eine Familie!", ruft er aufgeregt. Und neugierig beobachtet er, wie sie ihres Weges ziehen.

Paul ist so mit den Marienkäfern beschäftigt, dass er gar nicht merkt, dass er überhaupt keine Langeweile mehr hat. Sogar auf der Wiese findet er zwei Marienkäfer, die gerade auf zwei Butterblumen landen. Und zwischen Klee und Gänseblümchen tummeln sich drei andere.

Als seine Mutter ihn zum Essen ruft, ist Paul erstaunt, dass es schon so spät ist. Hat er wirklich den ganzen Nachmittag damit verbracht, die Marienkäfer zu beobachten? Das muss er ihr unbedingt erzählen! Vor allem, wie viele es waren!

Wie viele Marienkäfer hat Paul im Garten gesehen?

Lösung: 18

WIE SAND AM MEER

Klara legte erst eine Muschel und dann noch eine in ihren gelben Eimer. Sie tapste mit ihren Gummistiefeln durch den Sand. Das Mädchen schaute sich die Muscheln am Strand sehr sorgfältig an. Ihre Eltern hatten ihr versprochen, dass sie am Ende des Urlaubs einen Eimer voll Muscheln mit nach Hause nehmen durfte. Und in diesen Eimer sollten nur die schönsten Muscheln kommen.

Klara legte zwei weitere Muscheln hinein. Muscheln gab es hier am Strand wirklich wie Sand am Meer! Sie schaute sich kurz um, ob ihre Eltern noch in der Nähe waren. Als sie sah, dass die beiden hinter ihr herliefen, suchte sie beruhigt weiter. Klara fiel eine besonders schöne Muschel mit blauen dünnen Streifen auf. Auch sie landete im Eimer. Eine weitere, die wie eine Sahnehaube aussah, legte sie dazu. Dabei achtete sie darauf, dass die Muscheln nicht zerbrachen oder auch nur die kleinste Ecke absplitterte. Sie stellte sich vor, wie die Muscheln in ihrem Sandkasten aussehen würden. Und wie sie mit ihnen eine Muschelburg bauen würde. Dann hätte sie einen eigenen kleinen Strand im Garten!

Klara fand drei weitere Muscheln, die sie in den gelben Eimer legte. Am Ufer, vom Meerwasser umspült, lagen eine orangefarbene Muschel und zwei weiße, die in der Sonne glitzerten. Auch sie sollten mit nach Hause kommen. Während sie durch den nassen Sand lief, hörte man bei jedem Schritt das

Wasser unter ihren Gummistiefeln platschen und ein leises Glucksen im Sand. Klara liebte diese Geräusche und das Gefühl, wenn die Stiefel leicht in den Sand einsanken. Als sie gerade beschloss, dass es genug Muscheln waren, fiel ihr noch eine klitzekleine mit einem rosafarbenen Punkt auf. Die musste noch mit. Klara hob sie auf, spülte sie mit etwas Wasser ab und legte sie behutsam in den Eimer.

Dann machte sie sich auf den Rückweg zu ihren Eltern, die sie keine Sekunde aus den Augen gelassen hatten. Die drei gingen durch den Sand und schauten noch einmal aufs Meer hinaus. Ja, sie hatten einen tollen Urlaub gehabt!

Wie viele Muscheln hat Klara in ihrem gelben Eimer gesammelt?

Lösung: 13

MIT DEM FAHRRAD ZUM EISCAFÉ

Sieglinde, Claudia und Renate kennen sich schon seit fast fünfzig Jahren. Die drei sind früher zusammen in die Schule gegangen und haben sich seitdem nie aus den Augen verloren. Regelmäßig treffen sie sich. Dann gehen sie in der Stadt zusammen bummeln, unternehmen Ausflüge oder verabreden sich zum Plaudern bei Kaffee und Kuchen in der Konditorei.

Heute sind die ehemaligen Schulfreundinnen mit dem Fahrrad unterwegs. Das Wetter ist herrlich. Die Sonne scheint und die Luft wird von einer lauen Brise erfrischt. Renate kennt eine schöne Strecke durch die Felder. Gemütlich radeln sie so durchs Grüne, bis sie die Eisdiele im Ortskern zwei Dörfer weiter erreichen. Schon beim Anblick der großen, gut gefüllten Eiswaffel über dem Eingang des Eiscafés läuft Claudia das Wasser im Mund zusammen. „Jetzt kommt so eine zuckersüße Stärkung aber gerade recht!", sagt sie freudig. Die anderen beiden nicken zustimmend, während sie ihre Fahrräder zusammenschließen.

Sieglinde ist die Erste an der Eistheke. Sie mag es, dort die Eissorten zu studieren. Sie probiert mit Vorliebe neue Eissorten aus und findet schnell etwas, das ihr heute schmecken könnte. Als sie zum gemeinsamen Tisch geht, schauen Claudia und Renate schon gebannt in die Eiskarte. Sieglinde setzt sich zu ihnen und schwärmt: „Ich weiß schon, was ich nehme. Hier gibt es selbstgemachtes Walnusseis mit großen Nussstücken."

Die Bedienung kommt. Die drei schauen sich zustimmend an – ja, sie wissen, was sie bestellen wollen. Claudia bestellt einen Schwarzwaldbecher. Renate hat Lust auf einen Eiskaffee mit Vanilleeis. Sieglinde möchte eine Kugel Pfirsicheis, eine Kugel Waldfrucht und zwei Kugeln von dem verlockenden Walnusseis haben – mit Sahne.

Keine zehn Minuten später stehen drei traumhaft verzierte Eisbecher auf dem Tisch. In Renates Eiskaffee schwimmen zwei große Kugeln Vanilleeis. Auch der Schwarzwaldbecher sieht verlockend aus. Claudia probiert sich durch eine Kugel Vanilleeis, zwei Kugeln Schokoladeneis und eine Kugel Stracciatella mit Kirschen und Sahne. Es schmeckt großartig!

Noch lange sitzen sie in der Sonne und genießen das schöne Wetter. Und sie sind sich einig: Hier waren sie bestimmt nicht zum letzten Mal!

Wie viele Kugeln Eis haben die drei Freundinnen insgesamt gegessen?

Lösung: 10

Wie oft kam das Wort „Eis" in der Geschichte vor?

Lösung: 17-mal

Wie viele Kugeln Vanilleeis haben Claudia und Renate zusammen gegessen?

Lösung: 3

GRILLGENÜSSE

Judith und Andreas hatten ihre Freunde zum Grillfest eingeladen. Das war schon Tradition – in den letzten sieben Jahren hatte sich der Freundeskreis jeden Sommer zum Grillen bei den beiden getroffen. Judith liebte es, Gäste zu empfangen, und Andreas grillte für sein Leben gern.

Judith war – trotz der Gewohnheit – ein wenig nervös. Sie hatte alles vorbereitet: den Tisch gedeckt, die Getränke kalt gestellt, das Brot gebacken, die Lampions aufgehängt und die Blumen in der Vase arrangiert. Jedoch hatte sie nur einen Salat vorbereitet. Einen Kartoffelsalat.

Die Freunde hatten in diesem Jahr vorgeschlagen, dass jeder etwas zum Grillfest mitbringen sollte. Salate, Fleisch und Würstchen, Soßen und Nachtisch mussten also nicht nur von Judith vorbereitet werden. Die Freunde wollten ihr damit eine Freude bereiten und die Vorbereitungen für sie erleichtern. Nichts auf dem Tisch und im Kühlschrank stehen zu haben, versetzte Judith allerdings in pure Panik.

Andreas lächelte mild und nahm sie in den Arm. Auch wenn sie versucht hatte, sich nichts anmerken zu lassen, wusste ihr Mann genau, was in ihr vorging. Er wiederum ließ sich gerne überraschen und fand die Idee spitze.

Judith verlor ihre Anspannung, als die nächsten beiden Salate mit den ersten Gästen ankamen. Die Wahrscheinlichkeit, dass jemand mit knurrendem Magen nach Hause gehen würde, schwand. Ilse und Horst brachten acht Würstchen, fünf Nackensteaks und fünf Koteletts mit. Danach kamen noch vier Stücke Putenfleisch und sechs Grillspieße dazu. Der Tisch füllte sich mit Soßen und zum Schluss stellte Vera ihren bei allen beliebten Nudelsalat auf den Tisch.

Als Judith mit dem frisch geschnittenen Brot aus der Küche zurück in den Garten kam und den reichlich gedeckten Tisch sah, wirkte sie sehr zufrieden. Sie atmete einmal tief durch und gab sich dem fröhlichen Treiben hin. Wie in den Jahren zuvor genossen die Freunde das Grillfest in vollen Zügen. Es wurde erzählt, gelacht und sogar ein wenig getanzt. Andreas grillte, was die gut bestückte Grillplatte hergab. Es war ein toller Abend!

Nach dem Nachtisch – Eis mit Vanillesoße – rieben sich alle die Bäuche. Sie waren sich sicher, so würden sie es im nächsten Jahr wieder machen. Sogar Judith war einverstanden.

Wie viel Grillgut wurde insgesamt mitgebracht?

Lösung: 28 Teile

Aus wie vielen Salaten konnten die Freunde wählen?

Lösung: Aus 4 Salaten

AB IN DEN GARTEN

Es ist das herrlichste Wetter für Gartenarbeit. Nicht zu warm und nicht zu kalt. Inge schnappt sich ihre Gartenschürze, ihre Hacke und ihren Unkrautstecher. Das Unkraut hat das Beet in letzter Zeit ganz schön in Beschlag genommen. Doch heute geht es ihm an den Kragen. Heute bekommen Rosen und Nelken wieder ihren Platz zurück. Heute wird Inge das Blumenbeet wieder den Blumen zurückgeben. Das Erste, was Inge entdeckt, sind zwei Brennnesseln, die sich einen Platz in ihrem Beet erobert haben. Inge holt sich schnell noch die Gartenhandschuhe. Dann sticht sie die Brennnesseln aus und wirft sie in einen Eimer.

Im Frühjahr hat Inge einen kleinen Blecheimer mit Klee geschenkt bekommen. Er hat für eine Weile auf dem Gartentisch gestanden. Das sah sehr schön aus. Leider hat der Klee sich auch in ihrem Beet ausgebreitet. Vier Klee-Pflanzen entdeckt Inge neben ihrem heißgeliebten Rittersporn. Sie entfernt das Unkraut und wirft es zu den Brennnesseln in den Eimer.

Als Inge den Löwenzahn sieht, muss sie lächeln. Wie dieser in ihr Blumenbeet gelangen konnte, weiß sie genau. Ihr Enkel Johann hat vor ein paar Wochen Pusteblumen mitgebracht und seiner Oma stolz gezeigt, wie gut er pusten kann und wie weit die kleinen Schirmchen fliegen. Sechs Löwenzahn-Pflanzen entfernt Inge samt Wurzel.

Bevor sie sich nach getaner Arbeit mit einem Glas Apfelschorle in den Liegestuhl gleiten lässt, befördert Inge noch drei Disteln und zwei Stechapfel-Ableger in den Eimer.

Wie viele Unkrautpflanzen entfernt Inge?

Lösung: 17

HERBST

KASTANIEN-SCHÄTZE

„Ich hab eine!", ruft Phillip seiner Schwester zu. „Ich auch!" Stolz legt Jana eine Kastanie in ihr Körbchen. Die beiden hocken unter der großen Kastanie vor dem Haus ihrer Großeltern. Erst gestern haben sie einen großen Korb ins Haus gebracht, der bis zum Rand mit Kastanien gefüllt war. Der steht jetzt in Omas Vorratskeller.

Einen Kranz hat Oma schon daraus gebastelt und an die Haustür gehängt. Jana hat ihr geholfen, den Kranz mit Blättern, Eicheln, Bändern und kleinen Holzanhängern zu verzieren. Phillip hat unterdessen Männchen, Pferde und Zäune gebastelt. Alles aus Kastanien und Zahnstochern. Die Figuren stehen nun auf Omas Schrank in der Stube.

Viele neue Kastanien sind im Laufe der Nacht nicht heruntergefallen. Trotzdem suchen Jana und Phillip sehr sorgfältig nach neuen Sammlerstücken. Das viele Laub macht die Suche spannender. Vielleicht liegt ja doch noch eine Kastanie unter dem ein oder anderen Blatt? Jana findet gleich drei auf einmal. Und auch Phillip hat Glück. Direkt am Stamm entdeckt er zwei Kastanien – eine große und eine kleine. Die beiden landen in seinem Körbchen. Jana legt eine weitere in ihren Korb. Sie lag unter einem Kastanienblatt.

Oma schaut ihren Enkeln eine Weile vom Fenster aus zu. „Meint ihr nicht, dass ihr langsam genug Kastanien gesammelt habt?", fragt sie. „Aber Oma", beginnt Jana und versucht dabei überzeugend zu klingen, „wir haben doch gestern sooo viel gebastelt. Die Kastanien müssen für ein ganzes Jahr reichen. Womit sollen wir denn sonst demnächst basteln?"

Oma lächelt und versucht gar nicht erst, weiter zu fragen. Stattdessen sagt sie: „Das Essen ist gleich fertig. Kommt ihr ins Haus?" Jana und Phillip nicken, schauen aber weiter konzentriert auf den Boden und schieben Blätter und leere Kastanienigel zur Seite. Bis zum Essen findet Jana noch drei Kastanien. Phillip legt zwei weitere in seinen Korb. Stolz tragen sie ihre Schätze zur Haustür. In einem sind sie sich einig: Morgen werden sie wieder nach neuen Kastanien suchen!

Wie viele Kastanien hat Jana in ihrem Körbchen?

Lösung: 8

Wie viele Kastanien hat Phillip gesammelt?

Lösung: 5

Wie viele Kastanien haben die Kinder insgesamt gesammelt?

Lösung: 13

Wie oft kommt das Wort „Kastanie" in der Geschichte vor?

Lösung: 13-mal

ES LEUCHTET IN DER NACHT: ST. MARTIN

Hannah sitzt auf der Eckbank in ihrer Küche und hält eine Tasse mit ihrem Lieblingstee in der Hand. Draußen ist es schon dunkel. Die Sonne geht jetzt im Herbst früh unter. Nach und nach erleuchten die Lichter in den Fenstern der anderen Häuser die Dunkelheit. Hannah mag diese Jahreszeit. Die Stimmung in diesen Tagen ist eine ganz besondere.

Sie schaut nach draußen und schwelgt in ihren Erinnerungen. Gestern war der Laternenumzug im Kindergarten ihrer beiden Enkel. Wie hatten Max und Luise sich auf diesen Tag gefreut! Und was sie für ein Geheimnis daraus gemacht haben, welche Laternen sie gebastelt hatten! Das Leuchten in den Augen ihrer beiden Enkel wird Hannah so schnell nicht vergessen. Luise hatte eine bunte Regenbogen-Laterne gebastelt. Max hielt einen grünen Drachen in der Hand, der Feuer spuckte. Luises beste Freundin trug ein Pferd vor sich her. Als Beine baumelten lange Hexentreppen vom Pferdebauch herunter.

Entzückend fand Hannah auch die Laternen der Zwillinge Lea und Lars. Die beiden Vierjährigen liefen besonders langsam und vorsichtig, damit ihren beiden Sternen auch ja nichts geschah.

Gedankenverloren umklammert Hannah ihre Tasse. Der Tee wärmt ihre Handflächen. Sie erinnert sich an das Leuchten der Laternen. An die Hoffnung, die das Licht in die Dunkelheit gebracht hat. An die glücklichen Kinder.

Hannah versucht, sich daran zu erinnern, welche Laternen sie noch gesehen hat. Da waren ein Roboter, ein Elefant, zwei Kerzen, ein Fuchs und eine Fledermaus. Ach ja – und die Sonne und der Mond. Die waren ihr aufgefallen, weil die beiden Kinder so schicke selbst gestrickte Mützen trugen.

Es war das perfekte Wetter für einen Laternenumzug. Nicht zu kalt, trocken und trotz der wenigen Wolken am Himmel wurde es recht schnell dunkel, sodass man das Leuchten der Laternen und die tolle Atmosphäre wirklich genießen konnte. Nach dem Umzug mit vielen Martinsliedern gab es Brezeln, Kakao, Tee und sogar heiße Würstchen vom Grill.

Luise und Max waren von der Aufregung und den vielen Eindrücken so erschöpft, dass sie kurz nach dem Zubettgehen einschliefen. Bevor sie nach Hause ging, hängte Hannah Luises Regenbogen und Max' grünen Drachen ins Kinderzimmerfenster. So konnten die Laternen dort noch ein wenig leuchten.

Wie viele Laternen hat Hannah beim Laternenumzug ihrer Enkelkinder gesehen?

Lösung: 13

OKTOBERFEST

Wieder einmal hatte Emil auf dem Oktoberfest zu viel gegessen. Dabei ist ihm das schon so oft passiert, dass er es eigentlich längst hätte besser wissen müssen. Und obwohl er sich fest vorgenommen hatte, den Genüssen auf dem Oktoberfest zu widerstehen, war ihm das nicht so richtig gelungen.

Es fing schon am Eingang an. Wer konnte denn die köstlich duftenden bayerischen Brezn vom Breznstand links liegen lassen? Nun, Emil nicht! Und gleich dahinter kam die Würstchenbude von Würstchen-Waldi. Fürs Erste gesättigt, ging Emil über die Festwiese und schaute sich das bunte Treiben an. Für den Autoscooter war sein Bauch zu voll. Aber eine Fahrt mit dem Riesenrad wollte er wagen.

Gemütlich saß er in seiner Gondel und hatte einen tollen Ausblick über die gesamte Festwiese. Die Leute unter ihm waren so klein wie Ameisen. Emil entdeckte einen Stand mit Zuckerwatte, einen Waffelstand und einen, der schokoliertes Obst verkaufte. Dann war da noch ein Stand, an dem man Dosenwerfen spielen, einer, an dem man Lose kaufen konnte, und ein „Hau den Lukas".

Nach seiner Fahrt im Riesenrad trieb es Emil in die Menge. Er genoss die Gesellschaft so vieler gut gelaunter Menschen. „Das gibt es wirklich nur auf der Wiesn", dachte er und gönnte sich eine Tüte Popcorn am Popcornstand.

Den Abend ließ Emil in einem der großen Zelte ausklingen. Zu später Stunde sagte er dort nicht nein zu einem Stück gebratenem Hendl, das an einem Imbissstand verkauft wurde.

Doch danach merkte er schon, dass es wohl genug kulinarische Genüsse für diesen Tag gewesen waren. Ihm würden nur noch ein Verdauungsschnaps und sein weiches Bett helfen.

Als er auf dem Rückweg an einem Eisstand, einer Pommesbude und einer Bude vorbeikam, die Crêpes verkaufte, dachte er nicht einmal daran, dort anzuhalten.

Er ging zu Fuß nach Hause und tatsächlich wurde er dadurch das Völlegefühl los. Nach einem erfüllten und unbeschwerten Tag legte Emil sich zufrieden ins Bett und erinnerte sich noch einmal an die besonders schönen Momente, die ihm dieses Oktoberfest geschenkt hatte.

Wie viele Stände oder Buden, an denen man „schlemmen" kann, hat Emil auf dem Oktoberfest gesehen?

Lösung: 10

PILZGLÜCK

Endlich war Pilzsaison! Voller Vorfreude hatte Hans sich heute Morgen auf den Weg gemacht. Trotz der frühen Uhrzeit war es schon fast taghell. Kein Wölkchen trübte den Anblick des blauen Himmels.

Hans war fest entschlossen, sich ein herrliches Mittagessen mit Pilzen zu zaubern. Ob als Ragout oder gebraten aus der Pfanne, das hatte er noch nicht entschieden.

Es dauerte nicht lange, bis er die ersten Pilze fand. Unter einer Buche wuchsen reichlich Pfifferlinge. Vorsichtig schob er ein paar Blätter zur Seite. Mit seinem Messer schnitt er acht Pfifferlinge ab. Nein, er nahm noch drei dazu – die sahen einfach zu köstlich aus. Er legte die Pilze behutsam in seinen Korb und ging weiter. Dabei achtete er darauf, dass er so wenig Unruhe wie möglich in den Waldboden brachte.

Die ersten Pilze des Jahres waren doch immer etwas Besonderes! Hans genoss den Duft des Waldes um sich herum und die Stille, durch die nichts hindurchdrang bis auf das Zwitschern der Vögel und das Rascheln des Laubs, wenn ein Eichhörnchen hindurchflitzte.

Nach einer Weile wurde er erneut fündig. Er war schon fast an der Eiche vorbei, als ihm die Steinpilze auffielen. Er ging zurück und schaute noch einmal genauer, schließlich wollte er sich nicht vertun. Aber tatsächlich, dort wuchsen Steinpilze. Hans schnitt sechs Steinpilze an der einen Seite und noch einmal fünf an der anderen Seite des Baumes ab. Vorsichtig legte er sie in seinen Korb.

Es war ein erfolgreicher Ausflug. Hans fand an diesem Tag noch etliche Pilze. Das sah nach einer guten Saison aus. Zu denen, die bereits im Korb lagen, kamen noch sechs Pfifferlinge und sieben Steinpilze hinzu. Das würde einen Schmaus für zwei Tage geben!

Auf dem Rückweg lief ihm bei dem Gedanken, was er aus den köstlichen Pilzen kochen könnte, das Wasser im Mund zusammen. Er atmete noch einmal die frische Waldluft ein und genoss die Kühle an seinen Wangen und Händen. Dann verließ er den Wald und ging gemütlich über den Feldweg nach Hause.

Wie viele Steinpilze hat Hans gefunden?

Lösung: 18

Wie viele Pfifferlinge hat Hans entdeckt?

Lösung: 17

Wie viele Pilze hat Hans insgesamt in seinen Korb gelegt?

Lösung: 35

BUNTER HIMMEL ÜBER DEM STOPPELFELD

Schon lange möchte Jonas mit seinem Papa seinen neuen Drachen steigen lassen, den er vor zwei Wochen zum Geburtstag geschenkt bekommen hat. Seitdem steht Jonas unentwegt draußen vor der Haustür und wartet auf genug Wind. Papa hat in den letzten Tagen immer gesagt, dass der Drache zum Fliegen mehr Wind brauchen würde.

Und heute ist es endlich so weit! Die Baumwipfel entlang der Straße bewegen sich, und das Laub tanzt aufgeregt über den Rasen. Es weht genug Wind, um den Drachen steigen zu lassen.

Jonas und Papa stehen auf dem Feld am Dorfrand. In der rechten Hand hält Jonas seinen blau-grün gestreiften Drachen, in der linken den Griff mit der Schnur. Seine Wangen sind vor Vorfreude rosig. Zwei Drachen fliegen schon über dem Stoppelfeld: ein roter mit weißen Punkten und ein knallgelber Drache mit grünem Schwanz. Jonas guckt ihnen eine Weile staunend zu.

Papa legt derweil Jonas' Drachen auf den Boden und richtet die Schnurr aus. Er hält seinem Sohn den Griff hin. Jonas ist ganz aufgeregt. Aus den Augenwinkeln sieht er, dass ein weiterer Drache auf dem Feld dazugekommen ist, einer mit roten und schwarzen Karos. Jonas geht ein paar Meter rückwärts, so, wie er es bei den anderen Kindern gerade gesehen hat. Und tatsächlich, sein Drache hebt ab – gleich beim ersten Versuch! Jonas kann sein Glück kaum fassen.

Eine halbe Stunde später ist der Himmel über dem Stoppelfeld mit bunten Drachen übersät. Vier weitere Drachen sind dazugekommen, seitdem Jonas' Drache in der Luft fliegt. Und gerade läuft noch ein Mädchen auf den Acker. Es wird von seinem Opa begleitet. In der Hand hält es einen lilafarbenen Drachen, der auf der rechten Seite mit rosafarbenen, wellenförmigen Linien verziert ist. Stolz lächelt Jonas das Mädchen an.

Er geht ein paar Schritte zur Seite, um ihr Platz zu machen. Keine zehn Minuten später fliegen ihre beiden Drachen nebeneinander durch die Luft. Jonas sieht sich die vielen bunten Drachen am Himmel an. „Was ein schöner Tag!", denkt er und lächelt seinen Papa glücklich an.

Wie viele Drachen fliegen über dem Stoppelfeld?

Lösung: 9

Wie oft kommt das Wort „Drachen" in der Geschichte vor?

Lösung: 14-mal

WINTER

MANDARINEN VOM NIKOLAUS

Wilfried ist in die Jahre gekommen. Sein Bart ist nicht mehr schwarz, sondern weiß. Er ist trotzdem sehr stolz auf seinen langen Bart. Sein Alter hält ihn nicht davon ab, regelmäßig auf dem Markt einzukaufen. Heute, es ist der 5. Dezember, hat er eine Tüte Mandarinen gekauft. Die Tüte ist prall gefüllt.

Als er zufrieden mit seiner Mandarinentüte über den Markt schlendert, steht plötzlich ein kleiner Junge mit blonden Haaren hinter ihm und fragt: „Legst du mir morgen auch eine von den schönen Mandarinen auf meinen Nikolausteller?“ Wilfried stutzt einen Moment, bevor er begreift, dass der Junge ihn für den Nikolaus hält. Schlagfertig antwortet er: „Ho, ho, ho! Du warst so ein artiger Junge, dass du jetzt schon zwei Mandarinen haben darfst.“ Er greift in seine Tüte und reicht dem Jungen die orangefarbenen Früchte. Die Mutter lächelt ihn dankbar an und der Junge strahlt über beide Wangen.

Während er weggeht, merkt Wilfried, dass jemand an seiner Jacke zupft. „Du, Nikolaus, wir waren auch ganz, ganz artig“, sagt eine Mädchenstimme. Wilfried dreht sich um und erblickt ein Zwillingspaar. Die Mädchen haben blonde Zöpfe und schauen ihn mit großen Augen an. Wilfried greift in seine Tüte und opfert weitere vier Mandarinen. Heute scheinen wirklich viele Kinder unterwegs zu sein. Ehe Wilfried richtig begreift, was da passiert, steht eine Schlange Kinder vor ihm.

Damit die Mandarinen auch reichen, beschließt er, den Kindern nur noch jeweils eine Mandarine zu geben. Also bekommt ein kleiner Junge mit Brille und schwarzen Haaren eine Mandarine, ein etwas größerer Junge mit Latzhose eine weitere, ein kleines Mädchen in einem rosafarbenen Schneeanzug eine Mandarine und ein Mädchen mit Pferdeschwanz und roten Handschuhen auch eine.

Als Wilfried gerade denkt, er habe es geschafft, tauchen elf weitere Kinder auf, die ihn verzaubert anschauen und beteuern, artig gewesen zu sein. Natürlich bekommt auch jedes dieser elf Kinder eine Mandarine. Dann scheint Wilfried wirklich alle Kinder auf dem Markt glücklich gemacht zu haben. Zum Glück kommt keins mehr, seine Tüte ist nämlich leer.

Wie viele Mandarinen waren in der Tüte?

Lösung: 21

DIE SCHNEEMÄNNER AUF DEM SCHULWEG

Jakob stapft durch den hohen Schnee. Er ist auf dem Weg zur Schule. Dick eingepackt in Anorak, Schal, Mütze, warme Wollsocken und Winterstiefel, bahnt er sich seinen Weg durch die noch fast unberührte Schneedecke. In der Nacht ist neuer Schnee gefallen, der fast alle Fuß- und Reifenspuren von gestern zugedeckt hat.

Jakob bestaunt den großen Schneemann vor dem Haus im Ahornweg. „Den hat bestimmt ein großes Kind gebaut", überlegt er, während er die großen Kugeln bewundert. Besonders die mittlere gefällt ihm gut. Im Gesicht des Schneemanns steckt eine dicke orangefarbene Möhre. Um den Hals ist ein handgestrickter Schal gewickelt, mit blauen, weißen und türkisfarbenen Streifen. Fast hätte Jakob vergessen, dass er ja auf dem Weg zur Schule ist. Er wirft noch einen letzten Blick auf den Schneemann und geht weiter.

Im Ahornweg geht er an zwei weiteren Schneemännern vorbei. Und auf der Ecke zum Nelkenweg steht wieder einer. Dieser ist zwar viel kleiner als der erste Schneemann, hat aber eine originelle Kopfbedeckung – einen Emailletopf. In Hellblau. Jakob gefällt das und er muss an den roten Emailletopf seiner Oma denken. Ob sie ihm den wohl auch ausleihen würde?

Er geht weiter und nimmt sich vor, gleich mittags nach der Schule bei Oma nachzufragen. Bis er den Schulhof erreicht, kommt Jakob noch an drei anderen Schneemännern vorbei. Er ist verblüfft, wie kurz ihm sein Schulweg heute vorgekommen ist und dass es ihm bei dem vielen Schnee gar nicht kalt geworden ist. Im Gegenteil, die Schneemänner haben ihn so fasziniert, dass er vor Aufregung rote Wangen bekommen hat.

Von Weitem sieht er seine Klassenkameraden im Schnee spielen. Einen Schneemann haben sie schon gebaut. Jetzt bahnt sich eine spannende Schneeballschlacht an. Da möchte Jakob natürlich dabei sein! So schnell er kann, rennt er über den Schulhof. Auf dem Weg formt er schon den ersten Schneeball.

Wie viele Schneemänner hat Jakob gesehen?

Lösung: 8

Wie oft kommt das Wort „Schnee" in der Geschichte vor?

Lösung: 15-mal

DIE GESCHENKELISTE

Am Wochenende vor dem vierten Advent machte Jakob wie in jedem Jahr seine Weihnachtseinkäufe. Wie immer hatte er sich eine Liste gemacht, auf der stand, für wen er noch Geschenke brauchte. Nach dem Frühstück brach er gleich auf und ging in die Stadt.

Zuerst ging er in das große Kaufhaus am Markt. Es waren noch nicht viele Leute unterwegs, so konnte sich Jakob in Ruhe umsehen. Und er wurde schnell fündig: Für Tante Trude kaufte er eine neue Tortenplatte aus cremefarbenem Porzellan. Darüber würde sie sich bestimmt freuen!

Nachdem er bezahlt hatte, ging er weiter in die Musikabteilung. Für seine Nichte Carolin kaufte er zwei CDs mit ihrer Lieblingsmusik und für seinen Onkel Karl, der ein leidenschaftlicher Schallplattensammler war, eine Schallplatte mit Blasmusik. Im Kaufhaus hatte Jakob jetzt alles besorgt. Er ging hinaus auf den Marktplatz, der sich schon ein wenig gefüllt hatte, setzte sich in ein Café und trank in aller Ruhe einen Kaffee und las die Zeitung.

Nach seiner Pause ging er in den Buchladen. Jakob stöberte gerne in Büchern, deswegen freute er sich darauf besonders. Gleich am Eingang stieß er auf das neue Werk seines Lieblingsautors. „Das schenke ich mir selbst zu Weihnachten!", dachte er und legte das Buch in seinen Einkaufskorb. Später legte er noch drei Bücher dazu: eins für seine Frau Lotte, eins für seine Tochter Isabel und das dritte für seinen Bruder Heinz. Nachdem er sich noch eine Weile im Buchladen umgeschaut hatte, bezahlte er die Bücher und ging wieder hinaus auf den Marktplatz. Es roch nach gebrannten Mandeln und Bratwürstchen. Jakob liebte den Geruch von Weihnachtsmärkten und atmete dreimal tief durch.

Dann ging er zum Juwelier und suchte für seine Lotte ein Paar Ohrringe aus. Sie passten zu dem Collier, das er ihr zum Geburtstag geschenkt hatte. Gespannt auf Lottes Gesicht, bezahlte er die Ohrringe und ging wieder hinaus.

Er schaute auf seine Liste und hakte die Ohrringe für Lotte ab. Jetzt brauchte er nur noch die Stiefel für Isabel, die sie sich so sehr wünschte. Im Schuhladen hatten sie genau das Paar, das sie sich ausgesucht hatte. Erleichtert bezahlte Jakob die Stiefel und verließ den Schuhladen.

Auf seinem Heimweg ging er über den Weihnachtsmarkt, schaute sich die Stände an und genoss die vorweihnachtliche Stimmung. Er stärkte sich mit einer Bratwurst, trank zum Nachtisch einen heißen Kakao und ging, bepackt mit Taschen voller Weihnachtsgeschenke, nach Hause.

Wie viele Weihnachtsgeschenke hat Jakob gekauft?

Lösung: 10

DIE NEUEN CHRISTBAUMKUGELN

„Stille Nacht, heilige Nacht ...“ Gerade noch haben sie das Lied gesungen, dann erklang das Glöckchen. Jetzt steht Mona mit großen Augen und offenem Mund vor dem geschmückten Tannenbaum im Wohnzimmer. Ihr kleiner Bruder ist schon dabei, seine Geschenke auszupacken. Es macht ritsch-ratsch – und er hält ein Feuerwehrauto in der Hand.

Mona betrachtet die Christbaumkugeln. Es sind neue dazugekommen. Die fünf roten Kugeln mit den goldenen Glitzerfiguren hingen im letzten Jahr noch nicht am Baum. Die mit dem glitzernden Engel gefällt ihr von allen am besten.

Mona guckt weiter. Die kleinen goldenen Kugeln kennt sie schon. Sie zählt. Es sind sechs – wie in jedem Jahr. Und die vier roten aus durchsichtigem Glas hängen auch wieder am Baum. Ganz oben, weil Mama Angst hat, dass sie unten kaputtgehen.

Mona spürt eine Hand auf ihrer Schulter. Im Hintergrund ertönt gerade „O du fröhliche“ aus den Lautsprechern. „Möchtest du nicht auch ein Päckchen auspacken?“, fragt ihre Mutter. Mona schaut unter den Baum. Die Geschenke hätte sie fast vergessen. Sie kniet sich hin und öffnet das Päckchen mit der dunkelgrünen Schleife. Darin ist ein hellbrauner Pappkarton.

Gespannt öffnet sie den Deckel – eine Christbaumkugel! Mona staunt, als sie sieht, dass auf der Christbaumkugel zwischen den kleinen Sternchen in goldenen Buchstaben ihr Name steht. Sie ist wunderschön, Mona geht richtig das Herz auf. Ob sie sie wohl an den Baum hängen darf? Sie schaut ihre Eltern fragend an. Ihre Mutter nickt ermunternd. Mona steht auf und sucht nach einem Platz für ihre Christbaumkugel. Man soll sie gut sehen können, aber zu tief soll sie auch nicht hängen. Schließlich soll sie ja nicht kaputtgehen.

Endlich hat Mona für ihre Kugel einen Platz am Baum gefunden. Sie reckt sich und hängt sie an einen Ast, an den sie gerade noch auf Zehenspitzen stehend herankommt. Stolz geht sie ein paar Schritte zurück und schaut sich ihre Christbaumkugel an. Mit ihr ist der Baum noch viel, viel schöner geworden.

Wie viele Christbaumkugeln hängen am Weihnachtsbaum?

Lösung: 16

Wie viele Kugeln aus rotem durchsichtigen Glas hängen ganz oben am Baum?

Lösung: 4

ÜBERALL LEUCHTRAKETEN

Heute ist Silvester und natürlich gehört zu Silvester auch ein Feuerwerk mit bunten Leuchtraketen. In diesem Jahr ist es mir aber ein bisschen zu viel. Wir haben gerade erst 18 Uhr und ich habe schon so viele Leuchtraketen gesehen! Um 6 Uhr morgens fing es an. Ich war noch gar nicht richtig wach, da flog eine rote leuchtrakete an meinem Schlafzimmerfenster vorbei zum Himmel. Ich zog mich an und ging zum Bäcker.

Auf meinem Weg dorthin sah ich eine Gruppe Jugendlicher, die fünf leuchtraketen auf einmal in den Himmel schossen. Sie leuchteten rot, grün, blau, violett und gelb. Als ich mit meiner Brötchentüte wieder nach Hause ging, waren die Jugendlichen immer noch da und schossen die nächsten drei leuchtraketen in den Himmel. Es folgte eine Zeit der Ruhe. Die Ruhe hielt allerdings nur bis zum Mittagessen. Ich hatte mir eine schöne Portion Ravioli mit Tomatensoße gekocht und wollte sie gerade mit gutem Appetit verspeisen, da flog eine bunte leuchtrakete an meinem Fenster vorbei.

Nun wollte ich gerne herausfinden, wer die Leuchtrakete abgeschossen hatte. Ich ließ meine Ravioli stehen, zog meine Jacke über und meine Schuhe an und hastete nach draußen. Den „Täter“ musste ich nicht lange suchen. Mein Nachbar Uwe stand mit seinem Freund Kai im Garten. Beide hatten ein Bier in der Hand und schossen aus einer Sektflasche schon die nächste leuchtrakete ab.

„Ist es nicht noch ein bisschen früh für ein Feuerwerk?", fragte ich. „Wir haben nur zwei Proberaketen abgeschossen", erklärte Uwe. „Das richtige Feuerwerk machen wir allerdings auch ein bisschen früher. Wahrscheinlich so gegen halb sechs, da ist es schon dunkel und so kriegen die Kinder das Feuerwerk noch mit."

Ich verabschiedete mich und aß meine kalt gewordenen Ravioli. Wie angekündigt, ging das „richtige" Feuerwerk um halb sechs los. Ich zählte zwölf Leuchtraketen, die nacheinander in den Himmel flogen. Jetzt, um 18 Uhr, war alles vorbei. Aber kurz vor Mitternacht wird es bestimmt weitergehen.

Wie viele Leuchtraketen hatte ich um 18 Uhr schon gesehen?

Lösung: 23

DIES UND DAS

DIE KNOPFSAMMLUNG

Helma liebte Knöpfe. Ihre ganze Verwandtschaft und ihr Freundeskreis kannten ihre Leidenschaft und brachten ihr immer wieder interessante Knöpfe mit. Am vergangenen Samstag konnte Helma besonders viele neue Knöpfe zu ihrer Sammlung hinzufügen.

Der Tag fing schon gut an. Morgens klingelte ihre Nachbarin. „Hallo Helma", sagte sie, „ich bringe gleich Altkleider weg. Willst du mal gucken, ob du ein paar der Knöpfe von der Kleidung gebrauchen kannst?" Natürlich wollte Helma. Sie durchstöberte die Kleiderkiste ihrer Nachbarin und wurde fündig.

An einer verschlissenen Bluse entdeckte sie fünf wunderschöne Holzknöpfe, in die ein filigranes Blumenmuster eingebrannt war. Von einem roten Jackett trennte sie vier runde Goldknöpfe ab, die an Ösen befestigt waren. Auch bei den sechs kleinen Knöpfen an einer Babystrickjacke konnte Helma nicht widerstehen. Sie hatten die Form von Teddybären. Freudestrahlend verabschiedete sie sich von ihrer Nachbarin und wusste, dass dieser Samstag ein guter Tag werden würde.

Zum Nachmittagskaffee war sie bei ihrer Tante Lieselotte eingeladen. Nachdem sie die köstliche Cappuccino-Torte genossen hatte, drückte ihr die Tante ein kleines Kästchen in die Hand. Was da wohl drin war? Natürlich Knöpfe! Tante Lieselotte erklärte: „Immer wenn ich auf dem Markt einen Stand mit Knöpfen entdecke, muss ich an dich denken. Wenn ich ein Exemplar sehe, das mir besonders gut gefällt, nehme ich es für dich mit. Ich hoffe, sie gefallen dir auch."

Und ob sie das taten! Drei sehr alte Knöpfe, die offensichtlich aus Horn waren und die das kleine Bild eines Hirschs zierte, waren der Höhepunkt der Sammlung. Zwei weiße runde Knöpfe, die aussahen wie die Perlen einer Muschel, stachen auch sofort ins Auge. Hinzu kamen vier silberne Knöpfe mit kleinen Glitzerkugeln, ein großer schwarzer Knopf mit kleinen weißen Punkten und drei kunterbunte Knöpfe, die in allen Farben des Regenbogens leuchteten. „Sie sind wunderschön!", rief Helma.

Zu Hause legte Helma die Knöpfe zu den anderen in ihrer Sammlung. Heute war wirklich ein guter Tag gewesen!

Um wie viele Knöpfe konnte Helma ihre Sammlung erweitern?

Lösung: 28

JUNGES GEMÜSE

Heute kommt die ganze Familie zum Abendessen. Es gibt eine kräftige Gemüsesuppe. Die essen alle, Alt und Jung, besonders gerne.

Zuerst wird eine große frische Zwiebel geschnitten. Die kleinen Würfelchen werden mit etwas Butterschmalz in einem großen Topf angebraten und können einen Augenblick lang im Topf ruhen. Dann hole ich das Gemüse aus dem Keller: In die gute Suppe kommen Möhren, Kartoffeln und Lauch. Außerdem brauche ich noch Blumenkohl und Kohlrabi. Die Petersilie hole ich frisch aus unserem Garten.

Möhren, Kartoffeln und Kohlrabi werden geschält und in kleine Stücke geschnitten. Die Blumenkohlröschen schneide ich vom Strunk ab. Der Lauch wird in dünne Scheiben geschnitten.

Das Gute an Gemüsesuppe ist, dass man die Zutaten nach dem Kleinschneiden nur noch anbraten und mit Brühe auffüllen muss. Den Rest macht die Suppe fast von alleine. So kann ich in Ruhe das Geschirr für alle bereitstellen und den Tisch dekorieren. Heute Morgen hat Gerd, mein Mann, wunderschöne Blumen vom Markt mitgebracht. Die Blumen habe ich angeschnitten und in eine schöne Vase gestellt. Die Vase stelle ich in die Mitte des Tisches. Rechts und links stehen meine liebsten Kerzenständer.

Zwischendurch husche ich in die Küche, um die Suppe umzurühren. Es duftet herrlich! Meine Enkelin Sarah kommt schon etwas früher als die anderen, wir wollen gemeinsam die Petersilie klein schneiden. Sarah schaut mir beim Würzen gerne über die Schulter. „Damit meine Gemüsesuppe bald ganz genau so schmeckt wie deine, Omi!", sagt sie immer. Und ich freue mich, sie hier zu haben! Wenn sich die Familie gemeinsam um den Tisch versammelt, ist das doch das Schönste auf Erden!

Wie viele Sorten Gemüse kommen in die Suppe?

Lösung: 5 (Möhren, Kartoffeln, Lauch, Blumenkohl, Kohlrabi; wenn Zwiebeln mitgezählt werden 6)

Wie viele Zutaten werden in dieser Geschichte geschnitten?

Lösung: 7 (Zwiebeln, Möhren, Kartoffeln, Lauch, Blumenkohl, Kohlrabi, Petersilie)

Wie viele Gemüsesorten müssen geschält werden?

Lösung: 3 (Möhren, Kartoffeln und Kohlrabi)

ALLES VOLLER STINKESOCKEN

Bei uns zu Hause bin ich für die Wäsche zuständig. Das stört mich auch gar nicht. Eigentlich! Es gibt jedoch eine Art von Kleidungsstück, das mich bei unserem Fünf-Personen-Haushalt zur Verzweiflung bringt: Stinkesocken. Die Kinder sind eigentlich gut erzogen und bringen ihre Kleidung selbst in den Waschkeller. Das klappt bei allen Sachen – außer bei den Socken.

Regelmäßig muss ich deswegen die Kinderzimmer kontrollieren. Auch heute wieder – und ich habe gleich einen Wäschekorb mitgenommen. In dem Zimmer meiner ältesten Tochter Marie wurde ich schnell fündig. Unter dem Schreibtisch lagen zwei lilafarbene Socken mit rosa Punkten, die landeten genauso im Wäschekorb wie die blaugeringelte Socke, die ich in ihrem Bett entdeckte. Noch größer wurde die Sockenausbeute im Zimmer meines Sohns Robin. Dort fand ich unter dem Bett sechs einzelne Socken. Auch die warf ich in den Wäschekorb.

Im Zimmer meiner jüngsten Tochter Ina hing eine grüne Socke quer über dem Lampenschirm und eine rote Socke lag mitten auf dem Teppichboden. Natürlich landeten auch diese Socken in meinem Wäschekorb. Als Letztes ging ich noch in unser Schlafzimmer. Dort fischte ich zwei Socken von meinem Mann unter dem Ehebett hervor und beförderte sie in den Wäschekorb.

Jetzt hatte ich alle Socken beisammen und ging mit meinen Stinkesocken in die Waschküche. Ich steckte die Socken zusammen mit der anderen Kleidung in die Maschine und wählte das 40-Grad-Programm. Bald würde es keine Stinkesocken mehr geben, sondern nur frisch gewaschene, duftende Socken.

Es gibt allerdings noch eine Tätigkeit, die ich mindestens genauso wenig mag, wie das Suchen und Waschen der Socken. Das ist das Sortieren der Socken nach dem Waschen. Ich bin sicher, dass in unserer Waschmaschine ein kleines Monster wohnt, das Socken frisst. Denn ein einsames, partnerloses Exemplar bleibt fast immer übrig.

Wie viele Socken habe ich gefunden?

Lösung: 13

AUF GLEIS 11 FÄHRT EIN ...

Mit einem kräftigen Windstoß fährt ein ICE in den Bahnhof ein. Kalle weicht einen Schritt zurück. Der Zug wird langsamer, bis er endlich zum Stehen kommt. Fahrgäste steigen mit ihren Koffern aus und andere steigen ein. Nach fünf Minuten fährt der ICE wieder ab.

Kalle wartet auf seinen Bruder Lutz und seine Schwägerin Anna. Die beiden kommen Lore und ihn über das lange Wochenende besuchen. Da der Zug verspätet ist, hat Kalle Zeit, das Treiben im Bahnhof und an den Bahnsteigen ein wenig zu beobachten. Er ist gerne an Bahnhöfen. So gerne, wie er auch selbst mit dem Zug verreist.

Es dauert nicht lange und dem ICE von vorhin folgen zwei Regionalbahnen, die fast zeitgleich auf seinem und dem Nachbargleis ankommen. Kalle bekommt eine leichte Gänsehaut. Schön sieht es aus, wie die Züge einfahren.

Eine Durchsage ertönt. Die Frauenstimme informiert die Reisenden über ihre Anschlussmöglichkeiten. Nach wenigen Minuten fahren die Regionalbahnen weiter, diesmal allerdings nicht parallel. Kalle schaut sich die ausgestiegenen Fahrgäste an. Einige werden von Freunden oder ihren Familien am Bahnsteig abgeholt. Andere rauschen gleich mit ihren Koffern weiter, um die Anschlusszüge zu erreichen. Kalle guckt auf seine Armbanduhr. „Langsam könnte der Zug aber eintreffen!", murmelt er.

Da ertönt eine weitere Ansage. Allerdings nicht die erhoffte. Die Durchfahrt eines Güterzugs wird bekanntgegeben. Wieder tritt Kalle einen Schritt zurück. Schon bald spürt er einen heftigen Luftstrom. Mit unzähligen Waggons rauscht der Güterzug an ihm vorbei.

Danach herrscht einen Moment lang Ruhe. Die meisten Reisenden sind weitergezogen. Noch etwa ein Dutzend wartet jetzt auf den langersehnten ICE. Und da, tatsächlich, ertönt die Ansage. Schon bald darauf fährt der beeindruckende ICE in den Bahnhof ein. Es dauert ein wenig, bis Kalle seinen Bruder und seine Schwägerin entdeckt. Doch auf einmal sieht er ein aufgeregtes Winken. Da sind sie!

Noch während sie sich begrüßen, fährt der ICE auch schon wieder weiter.

Wie viele Züge sieht Kalle während seines Aufenthalts am Bahnhof?

Lösung: 5

Wie oft kommt das Wort „ICE" in der Geschichte vor?

Lösung: 6-mal

Wie oft ertönt eine Ansage auf dem Bahnsteig?

Lösung: 3-mal

DER GRÖSSTE WUNSCH

Judith wünscht sich schon sehr lange ein Haustier. Am liebsten einen Hund. Oder eine Katze. Einen Stall voller Kaninchen könnte sie sich auch gut vorstellen.

Ständig versuchen die Eltern, ihrer Tochter zu erklären, dass ein Haustier auch mit viel Arbeit verbunden ist. Ein Hund muss mehrmals am Tag Gassi gehen. Eine Katze zu halten bedeutet, regelmäßig das Katzenklo sauber zu machen und darauf zu achten, dass sie sich mit ihren Krallen nicht in den Vorhängen verfängt oder am Sofa kratzt. Und Kaninchen brauchen immer einen sauberen Käfig mit Heu und Stroh.

Judith findet das gar nicht schlimm. Sie ist davon überzeugt, dass sie sich gut um ihr Haustier kümmern wird. Und so lässt sie nicht locker und fragt fast jede Woche einmal, wann sie denn endlich ein Haustier bekommt.

Ein paar Tage vor ihrem siebten Geburtstag ist es endlich so weit: Ihre Eltern gehen mit ihr in eine Tierhandlung. Judith darf sich ein Tier aussuchen, das in einem Käfig gehalten werden kann. Ein Hund wäre ihr zwar lieber, aber sie versucht, sich das nicht anmerken zu lassen. Sonst überlegen ihre Eltern es sich womöglich noch anders!

Als sie die Tierhandlung betreten, kommt Judith aus dem Staunen nicht mehr heraus. So viele Tiere! Fische gibt es dort, Vögel und sogar Schlangen. In einem großen Kleintiergehege sitzen Kaninchen und Meerschweinchen. In einem Käfig daneben flitzen Mäuse um die Wette. Und in einem weiteren Käfig schlafen zwei Hamster. Judith kann sich gar nicht sattsehen. Ihre Eltern stehen lächelnd daneben, obwohl ihre Mutter auch ein wenig unsicher ist, für welches Tier sich Judith entscheiden wird.

Am Ende ist die Entscheidung getroffen. Es sollen Kaninchen sein. Judith bekommt zwei: ein braunes und ein schwarzweiß geflecktes. Dazu kaufen sie einen Futternapf und eine Flasche, aus der die beiden trinken können. Einen Käfig brauchen sie nicht. Bei Oma und Opa steht noch ein Käfig, den Opa vor vielen Jahren selbst gebaut hat – für die Kaninchen ihrer Mutter. Da war sie ungefähr so alt wie Judith heute. Darin sollen die Kaninchen wohnen. Judith kann es gar nicht abwarten, den beiden ihr neues Zuhause zu zeigen.

Wie oft kommt das Wort „Haustier" in der Geschichte vor?

Lösung: 4-mal

Wie viele verschiedene Tierarten sieht Judith in der Tierhandlung?

Lösung: 7

Wie viele Hamster schlafen in ihrem Käfig?

Lösung: 2

Wie viele Kaninchen bekommt Judith zu ihrem siebten Geburtstag geschenkt?

Lösung: 2

GROSSREINEMACHEN

Greta putzt heute das Haus. „Großreinemachen“ sagt sie dazu. Schon als sie Georg gestern von ihrem Plan erzählt hat, bekam er ein mulmiges Gefühl im Bauch und sagte zu sich: „Da störe ich ja doch nur. Ich muss mir schleunigst etwas einfallen lassen, damit ich ihr bloß nicht in die Quere komme – oder sie noch auf die Idee kommt, mich mit einzubinden.“

Er überlegte. Nach drei Minuten hatte er die Lösung. „Keller!“, rief er. Greta schaute ihn fragend an. „Ich räume den Keller auf. Der hat es bitter nötig. Kein Werkzeug liegt mehr an seinem Platz.“ Greta guckte zuerst etwas misstrauisch. Dann lächelte sie und fragte: „Und du weißt, worauf du dich da einlässt? Der Keller ist wirklich sehr unaufgeräumt.“ „Ja, ja“, antwortete er ihr und war schon auf dem Weg nach unten. Als er vor dem Chaos stand, wurde Georg auf einmal wirklich etwas komisch im Bauch. Er fing sich jedoch schnell wieder. Morgen würde er dem Chaos zu Leibe rücken.

Und tatsächlich: Nach dem Frühstück geht Georg entschlossen die Treppen zum Keller hinunter – und stolpert gleich über die Astschere. Das laute Fluchen verkneift er sich. Er war ja ohnehin selbst schuld an der Misere. Georg schlängelt sich an Brettern und Kisten vorbei zu seiner Werkbank. Da er schon lange nichts mehr gewerkelt hat, hat er es mit der Ordnung nicht so genau genommen. Er streicht über seine Werkzeugkiste und legt den Schlosserhammer hinein, die Beißzange und die drei Schraubendreher. Außerdem den Messschieber, den Seitenschneider, den Spannungsprüfer und das scharfe Messer. Er schaut sich um. Die Arbeitsfläche kann man nun wieder sehen.

Dann sind die herumliegenden Bretter an der Reihe. Georg schaut sich alle an, sortiert sie der Größe nach und lehnt sie an die Wand. Dabei entdeckt er noch drei Zollstöcke. Zufrieden legt er sie an den ihnen zugewiesenen Platz.

Nach drei Stunden sieht der Keller schon viel besser aus als vorher und das Werkzeug ist ordentlich aufgeräumt. Georg ist sogar ein wenig stolz auf sich und findet, er habe ein Bier verdient. Zufrieden steigt er die Kellertreppe hinauf. Er will gerade in Richtung Küche gehen, als Greta ihm entgegenkommt. Sie sagt: „Ach wunderbar, du bist schon fertig? Die Teppiche hängen über der Stange im Garten. Bist du so lieb?", und drückt ihm den Teppichklopfer in die Hand.

Wie viele Werkzeuge werden in der Geschichte genannt?

Lösung: 13 Werkzeuge inklusive der 3 Zollstöcke

Wie oft kommt das Wort „Werkzeug" in der Geschichte vor?

Lösung: 3-mal

MEHR NADELN ALS IM KURZWARENLADEN

Sticken ist Juttas größte Leidenschaft. Angefangen hat sie, als die Kinder noch klein waren. Zu einem richtigen Hobby wurde es aber erst, als die beiden aus dem Haus waren. Seitdem sitzt sie fast jeden Abend in ihrem Lieblingssessel und fertigt Stickereien an. Für Karten, Wandbilder, Tischdecken, Kissenbezüge und, und, und. Am liebsten schaut sie sich ihre Decken und Kissenbezüge aus Hardanger-Stickerei an. Die zu sticken, dauert zwar immer sehr lange, dafür sind die fertigen Stücke aber umso schöner!

Heute Abend sitzt Jutta wieder in ihrem Sessel. Sie stickt an einer Hochzeitskarte. Der Sohn ihrer besten Freundin Rita heiratet am kommenden Wochenende. Auf dem Stickbild stehen eine Braut und ein Bräutigam nebeneinander. In der Mitte leuchtet ein rotes Herz. Unter den beiden liegen zwei goldene Ringe. Das Herz und die Brautleute sind schon fertig gestickt. Jutta hat gerade das goldene Garn aus dem Nähkorb genommen, als ihr auffällt, dass ihre Nadel heruntergefallen ist. Mal wieder!

Sie beugt sich vor und streicht mit der flachen Hand über den Teppich. Prompt hat sie zwei Nadeln gefunden. Für Jutta ist das kein Wunder, liegt doch die Hälfte ihrer Sticknadeln auf dem Fußboden, in den Sofaritzen oder unter den Kissen. Ihr Mann Klaus sagt immer, dass man in ihrem Wohnzimmer ein besseres Angebot aus dem Nähsortiment findet als in jedem Kurzwarenladen. Und irgendwie hat er damit sogar recht.

Gedankenverloren streicht Jutta mit der rechten Hand über das Sofa. Dort liegt noch eine Nadel. Sie legt sie in das lilafarbene Kästchen und schaut jetzt noch in den Ritzen nach. Wenn sie schon mal dabei ist!

In den Sofaritzen findet sie insgesamt fünf Sticknadeln und zwei Einfädelhilfen. Langsam füllt sich das Nähkästchen wieder. Jutta schaut noch einmal über den Teppich – und entdeckt eine weitere Nadel. Mehr findet sie nicht. Sie setzt sich in ihren Sessel und beginnt, den goldenen Faden in die Nadel einzufädeln.

Als sie gerade mit dem Sticken beginnen möchte, kommt Klaus ins Wohnzimmer. Grinsend hält er ihr zwei Nadeln hin. „Stickst du jetzt auch schon in der Küche?", fragt er mit schelmischem Unterton. Jutta stutzt. Wie die Nadeln in die Küche gekommen sind, kann sie sich nun wirklich nicht erklären. Klaus legt die Nadeln in das Kästchen und fügt hinzu: „Na, solange wir Hausschuhe tragen, kann uns ja nichts passieren!" Mit einem Augenzwinkern verschwindet er wieder in die Küche.

Wie viele Nadeln haben Jutta und Klaus am heutigen Abend gefunden?

Lösung: 11

Wie oft kam das Wort „sticken" in der Geschichte vor?

Lösung: 3-mal

FAST EIN GANZER APFELKUCHEN

Als die Pausenglocke ertönt, versammeln sich die Kinder auf dem Schulhof. Anna, Jochen, Sarah, Jens und Volker treffen sich unter der alten Eiche, um zusammen ihre Pausenbrote zu essen. Das Wetter ist herrlich. Die Kinder sitzen mit leichten Jacken auf den Bänken unter dem Baum und genießen die Sonne.

Anna öffnet ihre Brotdose. Sie lächelt. Ihre Mutter hat ihr Apfelstücke mitgegeben. Vier Stücke von den süßen. Genüsslich beißt sie in das erste hinein. Der Apfel schmeckt wunderbar! Jochen hat auch gerade ein Stück Apfel im Mund. Er hatte nur zwei Stücke in seiner Dose – dafür aber sehr große. Verträumt schaut er den größeren Jungen beim Fußballspielen zu. Er wünscht sich sehr, irgendwann auch dazuzugehören.

Anna hat schon die Hälfte ihrer Apfelstücke aufgegessen, als ihr auffällt, dass Sarah und Jens auch Äpfel in ihren Dosen haben. Sie grinst: „Schaut mal, mit den vielen Äpfeln könnten wir einen leckeren Apfelkuchen belegen!“ Die Kinder schauen sich an und dann in die Dosen der anderen. Es stimmt. Bisher war es ihnen noch gar nicht aufgefallen. Sie alle haben neben den belegten Broten Apfelstücke in ihren Dosen. Sarah und Jens haben jeweils vier Apfelstücke. Volker zählt sechs schmale Stücke. Seine Mutter meint es immer gut mit ihm. Wenn sie die Stücke schmaler schneidet, habe er mehr davon. Volker ist das egal, er mag sowohl große als auch kleine Apfelstücke.

Grinsend essen die fünf ihre Pausenbrote und ihre Apfelstücke auf und stellen ihre Brotdosen auf die Mauer neben dem Zaun. Bevor es wieder ins Klassenzimmer geht, spielen sie noch eine Runde Fangen. Jens ist der erste Fänger.

Wie viele Apfelstücke haben die Kinder insgesamt in ihren Brotdosen?

Lösung: 20

Wie oft kommt das Wort „Apfelstücke" in der Geschichte vor?

Lösung: 6-mal

WUNSCHGERICHTE

In Annelieses und Walters Küche herrscht reges Treiben. Die Enkelkinder sind da. Und nun soll das Mittagessen vorbereitet werden. Natürlich möchten alle drei mitbestimmen, was es zu essen geben soll, und beim Kochen mithelfen. Nach einer kurzen Unterhaltung steht fest, wie das gemeinsame Mittagessen aussehen soll – es gibt Spinat mit Kartoffeln und Ei.

So weit, so gut. Das hatte Opa Walter sich schwieriger vorgestellt. Kartoffeln und Eier sind schließlich seine Spezialität. Max nimmt die Eier aus dem Kühlschrank. Er kommt mit seinen sieben Jahren mühelos an das Fach mit den Eiern heran. Er legt die Eier auf die Arbeitsplatte neben den Herd. In einem Moment der Unachtsamkeit rollt ein Ei über die Kante und fällt auf den Boden. Es zerbricht.

Max' kleine Schwester Lisa ist gerade dabei, ihre Puppe spazieren zu fahren, und fährt aus Versehen mit dem Puppenwagen durch das am Boden liegende Eigelb. Oma Anneliese schaut skeptisch, aber sie entschließt sich, im Esszimmer den Tisch zu decken. Opa lächelt und behält die Ruhe. Erst macht er den Puppenwagen sauber, dann wischt er das Eigelb vom Boden.

Als die Kartoffeln im Topf köcheln und der Spinat aufgesetzt ist, fragt er den Jüngsten, Tom, ob er ihm die Pfanne aus der Schublade holen kann. Der Dreijährige weiß genau, was zu tun ist. Opa hebt ihn hoch und er stellt die Pfanne vorsichtig auf den Herd. Mit dem Stiel kommen die beiden aus Versehen an das nächste Ei. Auch dieses fällt zu Boden.

Opa Walter wischt erneut und macht sich dann daran, das Rührei vorzubereiten. Max darf dafür acht Eier aufschlagen und mit dem Schneebesen verquirlen. Dabei fällt ihm ein, dass er gar kein Rührei mag. Er isst lieber Spiegelei. Also schlägt Opa ein weiteres Ei für Spiegelei in eine kleine Pfanne. Neben den beiden Pfannen steht ein Kochtopf mit drei Eiern. Enkelin Lisa mag ihr Ei nur hartgekocht, der kleine Tom auch. Vorsichtshalber liegt auch noch ein drittes im Topf – man weiß ja nie. Nun sind alle Eier verbraucht.

Als Kartoffeln, Spinat und die Eier endlich fertig sind, sitzen alle am gedeckten Tisch im Esszimmer. Opa Walter ist ein wenig geschafft, lässt es sich aber kaum anmerken. Er atmet einmal tief durch und genießt sein Rührei. Oma Anneliese lächelt und streichelt seine Hand, was so viel heißt wie: „Das hast du gut gemacht!“

Wie viele Eier waren zu Beginn der Geschichte im Kühlschrank?

Lösung: 14

MILCH UND KÄSE

Mein Mann ist ein Morgenmuffel und trinkt morgens als Erstes eine große Tasse Kaffee. Ich nicht. Ich bin eher eine Frühaufsteherin und meine Trinkgewohnheiten haben sich seit meiner frühsten Kindheit nicht geändert.

Morgens trinke ich erstmal ein großes Glas Milch. Beim Essen sind mein Mann und ich uns dann aber einig und frühstücken dasselbe. Zuerst gibt es eine Scheibe Graubrot mit Gouda und dann eine Scheibe Vollkornbrot mit Camembert.

Heute haben wir beide frei und schlendern nach dem Frühstück über den Markt. Dort kaufen wir frisches Obst und Gemüse. Es gibt schöne knallrote Tomaten und ich kaufe am Käsestand einen Mozzarella dazu. Daraus können wir am Abend einen kleinen Salat machen. Als Hauptgericht plane ich einen Nudelauflauf und wir nehmen zum Überbacken Edamer und Parmesan mit.

Danach setzen wir uns in ein Café. Es ist ein wunderschöner, sonniger Tag und ich bestelle mir eine Kugel Schokoladenmilcheis mit Sahne. Mein Mann verträgt so kalte Dinge nicht und nimmt lieber ein Frischkäse-Törtchen. Wir fühlen uns wunderbar gestärkt, haben aber leider nicht alle Dinge, die wir brauchen, auf dem Markt bekommen.

Aus diesem Grund fahren wir jetzt in den nächstgelegenen Supermarkt. Dort kaufen wir noch Knäckebrot, Olivenöl, Balsamico-Essig, Feta-Käse, Buttermilch, Kefir und einige Reinigungsmittel. Für unser Mittagessen packen wir zwei Schnitzel, eine Packung Kroketten und einen Feldsalat ein. An der Kasse kommen wir sehr schnell dran, denn der Supermarkt ist heute recht leer. Als wir die Einkäufe in den Wagen packen, fällt mir auf, dass ich den Joghurt für das Salatdressing vergessen habe. Mein Mann läuft noch einmal zurück und holt ihn. Der Rest des Tages wird wunderbar und vor allem: lecker!

Wie viele Milchprodukte kommen in der Geschichte vor?

Lösung: 13

Wie viele verschiedene Käsesorten kommen in der Geschichte vor?

Lösung: 7